まちごとアジア
ネパール006

ポカラ
「湖」からヒマラヤ・パノラマ
［モノクロノートブック版］

アンナプルナ連峰、「魚の尾」を思わせる頂をもつマチャプチャレ、19世紀には世界一の高峰と目されていたダウラギリ、日本隊によって初めて征服されたマナスル。標高800mのポカラやその近郊から望む8000m級の峰々は世界でも有数の景観をつくっている。

ネパール語の「湖（ポカリ）」からとられたポカラは、フェワ湖ほとりの交易拠点として開け、チベットとインドを結ぶ中継地の役割をになってきた。そのため、この街は北（高地）からのチベット文明と南

(低地)からのヒンドゥー文明が交わる結節点という側面ももっていた。

　長いあいだ鎖国状態にあったネパールが20世紀になって開かれると、風光明媚なポカラに理想郷を求めて多くの旅人がこの地を訪れ、長期滞在するようになった。「白き神々の座」ヒマラヤは屏風のようにポカラをとりまき、美しい姿をフェワ湖に落としている。

Asia City Guide Production
Nepal 006
Pokhara
पोखरा

| まちごとアジア | ネパール 006 |

ポカラ

「湖」からヒマラヤ・パノラマ

「アジア城市（まち）案内」制作委員会
まちごとパブリッシング

まちごとアジア
ネパール 006
ポカラ

Contents

ポカラ ———————————————— 009

高度差7千米の世界 ———————— 017

フェワ湖城市案内 ———————— 029

ポカラ市街城市案内 ———————— 035

旧市街城市案内 ———————————— 043

山岳地帯に生きる人々 —————— 049

フェワ湖南部城市案内 ——————— 057

ポカラ郊外城市案内 ———————— 065

禁断地へ向かった仏僧 ——————— 071

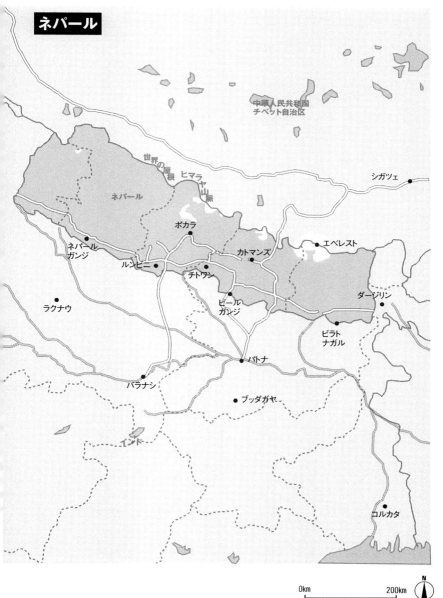

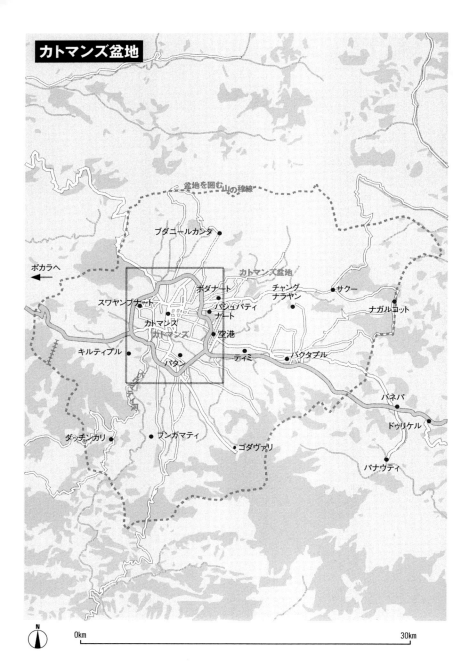

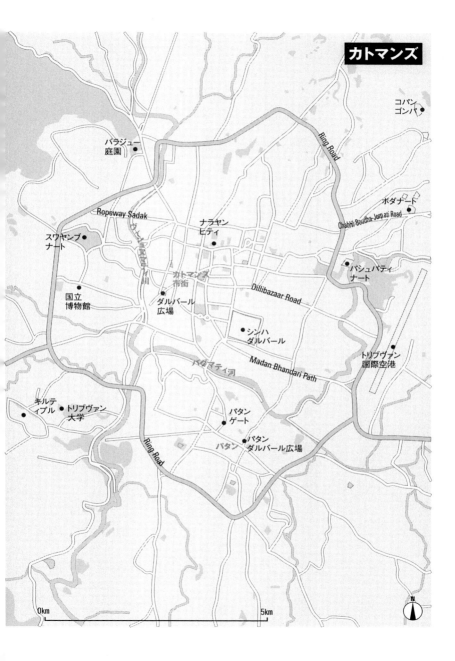

Introduction
高度差7千米の世界

ネパール中央にそびえるアンナプルナ・ヒマール
このあたりは山岳国ネパールのなかでももっとも山塊が重なる地域
連なる白き神々の座

アンナプルナ南峰(7219m) ★★☆
Annapurna South　अन्नपूर्ण दक्षिण

　アンナプルナⅠの南に位置するアンナプルナ南峰。標高では主峰におとるが、地理的にポカラに近いことから、ポカラからはアンナプルナⅠよりも高く見える。山姿が象の頭部に似ているところから、ガネッシュとも呼ばれ、ここから派生するパタール・ヒウンチュリを象の鼻に見立てることができる。1964年、日本隊が初登頂した。

アンナプルナⅠ (8091m) ★★★
Annapurna Ⅰ／अन्नपूर्णा १

　アンナプルナⅠはアンナプルナ連峰の主峰で、世界第10位の標高8091mの高さとなっている。その勇姿が人間の暮らす麓のポカラからながめられることから、古くから地元民の信仰対象となり、山名はサンスクリット語で「豊穣の女神」を意味する。ネパールが開国したばかりの1950年にフランス隊がこの山の登頂に成功し、人類がはじめて征服した8000m以上の頂となった。

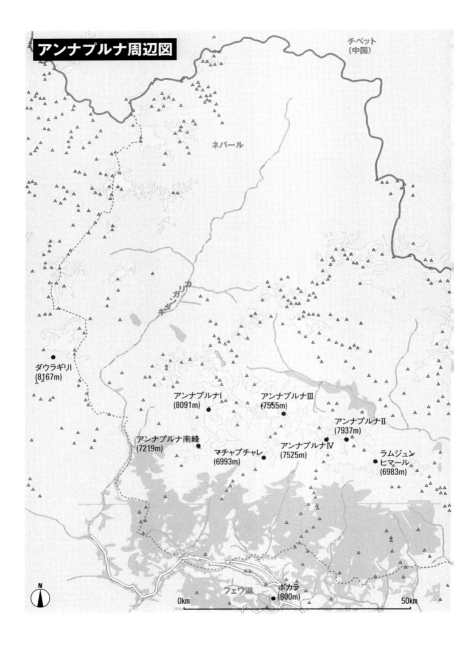

マチャプチャレ(6993m) ★★★
Machhapuchhare माछापुच्छ्रे

　ポカラのシンボルとも言える美しい鋭角の頂をもつマチャプチャレ。そのかたちが魚の尾に似ていることから「魚の尾（ネパール語でマチャは魚、プチャレは尻尾を意味する）」を意味するこの名前がつけられた。ヒマラヤの名峰のひとつにあげられ、西欧人からは「ネパールのマッターホルン」と呼ばれる。他のアンナプルナ連峰にくらべると標高はさがるものの、よりポカラに近い位置にあるため突き出して見える。この地に住むグルン族の信仰の対象となっているため登頂は禁止されている（イギリスのロバーツが頂上付近まで登ったが、山頂を踏むことはなく、その後、登山許可が降りていない）。

アンナプルナIII(7555m) ★★☆
Annapurna III अन्नपूर्णा ३

　マチャプチャレの右隣にそびえるように見えるアンナプルナIII。アンナプルナ主峰から17km離れ、ポカラからは台形の姿で見える。1961年、インド隊が初登頂に成功したが、登山が困難なことでも知られている。

★★★
ポカラ *Pokhara*
アンナプルナI *Annapurna I*
マチャプチャレ *Machhapuchhare*
ダウラギリI *Dhaulagiri I*

★★☆
アンナプルナ南峰 *Annapurna South*
アンナプルナIII *Annapurna III*
アンナプルナIV *Annapurna IV*
アンナプルナII *Annapurna II*
ラムジュン・ヒマール *Lamjung Himal*

ポカラは白き神々の座への起点となる街

鋭角の峰をもつマチャプチャレ

サランコット近郊、トレッキングを愉しむ

アンナプルナⅣ (7525m) ★★☆
AnnapurnaⅣ／अन्नपूर्णा ४

　アンナプルナⅢから東に一旦さがった稜線は、アンナプルナⅣで再びせりあがる。この山のピークはアンナプルナⅡ峰西につながるようにあり、1955年、西ドイツ隊に初登頂された。

アンナプルナⅡ (7937m) ★★☆
AnnapurnaⅡ／अन्नपूर्णा २

　アンナプルナ連峰のほぼ中央に位置するアンナプルナⅡ峰。雪が積もっていないことから、黒々とした岩肌がむき出しになっている。台形の巨大な山姿をしていて、この峰の西4kmにはⅣ峰のピークが見える。1960年、イギリス・インド・ネパール合同隊によって初登頂された。

ラムジュン・ヒマール (6983m) ★★☆
Lamjung Himal　लमजुङ हिमाल

　アンナプルナ連峰の東端に位置するラムジュン・ヒマール。この山名は、「地元の土地(ラムジュン)」と「雪の山(ヒマール)」をあわせたものとなっている。いくつものピークをもつのがこの山の特徴で、登山者をまどわすことで知られる。

ダウラギリⅠ (8167m) ★★★
DhaulagiriⅠ／धौलागिरी

　サンスクリット語で「白い山」を意味するダウラギリは、19世紀、カンチェンジュンガの存在が知られるまで「世界でもっとも高い山だ」と考えられていた(世界第7位)。それはこの山がインドとチベットの主要交易路カリ・ガンダキの西側に鎮座し、人々の往来が古くからあったためで、この山の

南北でヒンドゥー文明とチベット文明にわかれるという。東麓のカリ・ガンダキから一気に6000mもせりあがる様子を、この地を訪れた初めての日本人、河口慧海は「泰然として安座せる如く聳えて居る高雪峰」と記している。初登頂まで8度の遠征隊がアタックした困難な山としても知られ、1960年、スイス・オーストリア隊が初登頂した。

アンナプルナの登頂

　ヒマラヤには14座の8000m峰が鎮座するなか、1950年までどの山の頂にも人類は到達していなかった。アンナプルナⅠは人類がはじめて踏んだ8000m峰で、ネパールが開国したばかりの1950年、モーリス・エルゾーグひきいるフランス隊は、モンスーンが襲来する直前、正確な地図もないまま地上の3分の1の酸素に苦しみつつ、たった一度の挑戦で登頂に成功した。その代償にエルゾーグは凍傷などが原因で身体の一部を失うことになり、登山家としての生命は絶たれてしまった。エルゾーグは著書『処女峰アンナプルナ』の最後を「人間の生活には、他のアンナプルナがある」としめくくっていて、山岳会会長、スポーツ委員などを歴任することになった。その後、国家の威信をかけたヒマラヤ登山が行なわれ、ネパールが開国してからわずか15年程度で、すべての8000m峰は征服された。

山岳地帯に生きる子どもたち

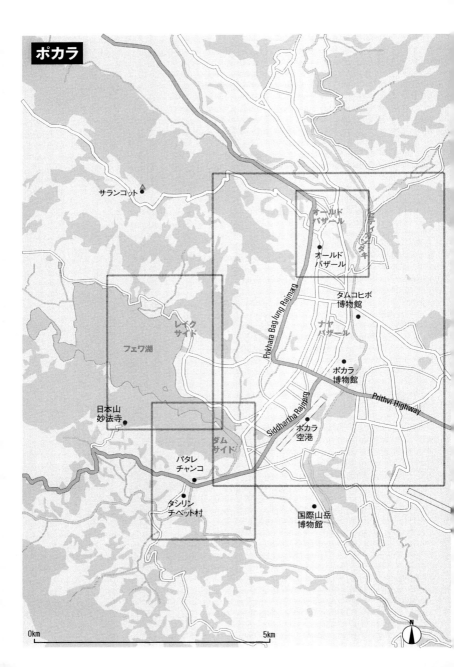

高度差7千米の世界

***
フェワ湖 *Phewa Tal*
サランコット *Sarangkot*
★★☆
国際山岳博物館 *Intenational Mountain Museum*
オールド・バザール *Old Bazar*
パタレ・チャンゴ *Patale Chhango*
タシリン・チベット村 *Tashiling Tibetan Refugee Camp*
日本山妙法寺 *World Peace Pagoda*
★☆☆
タム・コヒボ博物館 *Tamu Kohibo Museum*
セティ・ガンダキ（川） *Seti Gandaki*

Phewa Tal
フェワ湖城市案内

湖を意味するポカラ
その街名の由来になったフェワ湖
ゆったりとした時間が流れている

フェワ湖 ★★★
Phewa Tal／फेवा ताल

　ポカラの街はフェワ湖のほとりに開けたことから、「湖（ポカリ）」を語源とする名前で呼ばれるようになった。フェワ湖はネパールでも第2の面積をほこる湖で、マチャプチャレやアンナプルナ連峰を望む景観の美しさは世界的に知られる。古くからチベット・インド交易が行なわれ、商人や旅人はこの湖のほとりで休息をとった。また20世紀になってネパールの鎖国がとかれると、のんびりと過ごすことができるこの湖のほとりには観光客が押し寄せるようになった。

バラヒ寺院 ★☆☆
Barahi Mandir　बाराही मन्दिर

　バラヒ寺院はフェワ湖に浮かぶ小島に立つヒンドゥー寺院。二層からなるパゴタ様式で、アジマ神の化身猪がまつられている（タントラで、女性の性力シャクティの守護神とされる）。参拝者はボートに乗ってバラヒ寺院に出かけ、ニワトリなどの動物がいけにえとして捧げられる。

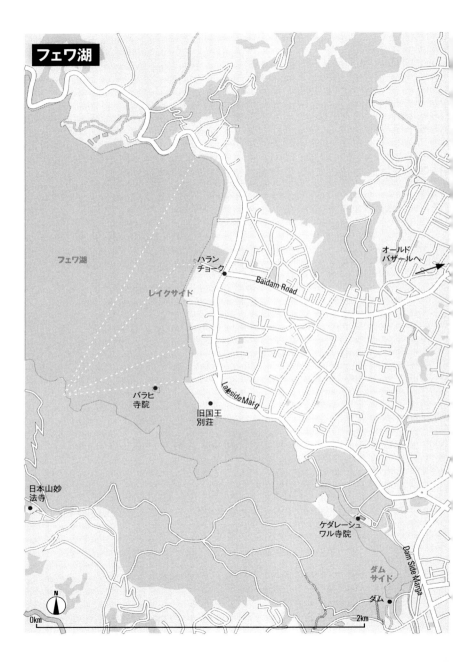

ケダレーシュワル寺院 ★☆☆
Kedareshwar Mandir／केदारेश्वर मन्दिर

　フェワ湖(ダムサイド)のほとりに立つ二層のケダレーシュワル寺院。カトマンズのヒンドゥー教の聖地パシュパティナートを模してつくられ、シヴァ神がまつられている。そばにはポカラと日本の駒ヶ根(長野)の友好を示す公園が位置する。

★★★
フェワ湖 Phewa Tal
★★☆
日本山妙法寺 World Peace Pagoda
★☆☆
バラヒ寺院 Barahi Mandir
ケダレーシュワル寺院 Kedareshwar Mandir

フェワ湖が穏やかな湖面を見せる

ボートに乗ってフェワ湖に繰り出す

Pokhara
ポカラ市街城市案内

フェワ湖の東北部に位置するポカラ市街
少数民族やヒマラヤに関する
博物館が見られる

ポカラ博物館 ★☆☆
Pokhara Regional Museum क्षेत्रीय संग्रहालय

　ニュー・バザールの南側に立つポカラ博物館。ポカラの歴史やこの地に生きる30以上の民族が紹介されていて、「民族博覧会場」にもたとえられるネパールの多様さを実感できる。ポカラ周辺に暮らすグルン族、タカリー族、マガール族などの先住民族に関する展示のほか、ポカラからカリ・ガンダキ川沿いをさかのぼった秘境ムスタンの展示もある。

タム・コヒボ博物館 ★☆☆
Tamu Kohibo Museum संग्रहालय

　アンナプルナ山麓を住処とするグルン族の伝統的な文化や民俗の資料が展示されたタム・コヒボ博物館。ポカラのシンボル、マチャプチャレはグルン族の聖地であることから登頂が認められていない。この博物館の近くではネパールの伝統的なチョウタラ（休憩所）が見られる。

国際山岳博物館 ★★☆
Intenational Mountain Museum अन्तर्राष्ट्रिय पर्वतीय संग्रहालय

　国土の北部にヒマラヤを抱える山岳国ネパールにあっ

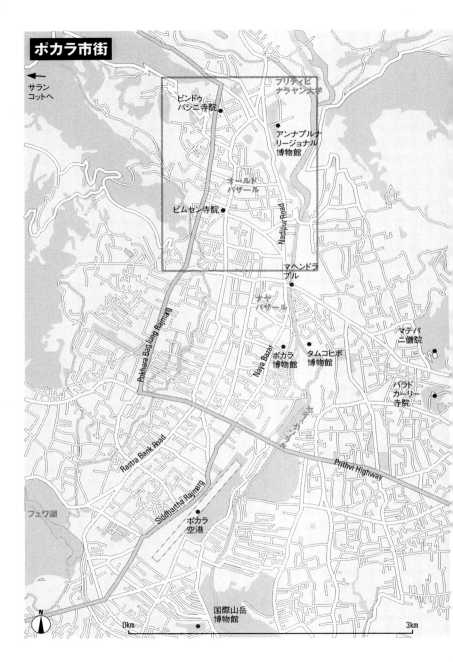

て、ヒマラヤに挑んできた登山家ゆかりの品々が展示された国際山岳博物館。入口にはマナスルの模型が見られ、エベレスト、マナスル、カンチェンジュンガの写真がずらりとならぶ。人類ではじめて8000m（アンナプルナⅠ）を征服したフランス隊のモーリス・エルゾークの装備品や、ヒマラヤ登山中に棄てられた酸素ボンベ、ビニールゴミはじめ、ヒマラヤ登山、地質学、民族学などでの幅広い展示が見られる（日本人としてはじめてネパールに入国した仏僧河口慧海のコーナーもある）。併設の図書館には日本語で出版されたヒマラヤ関連の著作もおさめられている。

河口慧海が見たポカラ

　仏法を求めてチベット入国を果たす途中、ポカラをはじめて訪れた日本人河口慧海。河口慧海は「ポカラはネパールでもっとも美しい都会である」「あたかも日本の風景に別荘が建ててあるかごとく」とフェワ湖のほとりに広がるこの街の様子を記している。またポカラからカリ・ガンダキ川をさかのぼってチベットへと通じる道の景色を「かくの如き

★★★
フェワ湖 Phewa Tal
★★☆
国際山岳博物館 Intenational Mountain Museum
オールド・バザール Old Bazar
★☆☆
ポカラ博物館 Pokhara Regional Museum
タム・コヒボ博物館 Tamu Kohibo Museum
セティ・ガンダキ(川) Seti Gandaki
バラドカーリー寺院 Bhadrakali Mandir
マテパニ僧院 Matepani Monastery
ビムセン寺院 Bhimsen Mandir
ビンドゥバシニ寺院 Bindyabasini Mandir
アンナプルナ・リージョナル博物館 Annapurna Regional Museum

人々が行き交う、ポカラの路上にて

見えそうで見えないアンナプルナ、景観は天候に左右される

河口慧海はポカラをはじめて訪れた日本人

オールド・バザールには趣きある店がならぶ

ポカラはカトマンズにつぐネパール山間部の都会

澗大なる風物は到底我が日本などにては想像すべくもあらざるなり」と続けている。

セティ・ガンダキ(川) ★☆☆
Seti Gandaki／सेती गण्डकी नदी

　ポカラ市街を南北につらぬくように流れるセティ・ガンダキ(川)。岩盤をけずる急峻な流れをしていて、せまい川幅に対して、川底は深いのが特徴。石灰の色をしているところから、「白い川(セティ・ガンダキ)」という名前がつけられた。

バラドカーリー寺院 ★☆☆
Bhadrakali Mandir　भद्रकाली मन्दिर

　フェワ湖から5km東に立つ小さな丘のうえに立つバラドカーリー寺院。恐ろしい女神バラドカーリーをまつるヒンドゥー寺院で、丘のうえからはポカラ市街をのぞむことができる。あたりは小鳥がさえずり、美しい景観を見せている。

マテパニ僧院 ★☆☆
Matepani Monastery／मातेपानी गुम्बा

　ポカラ市街東部の丘陵地帯に立つ仏教僧院のマテパニ僧院。チベット仏教カギュ派の僧侶たちが修行を行なっている。

チベット仏教のマニ車、一度まわすとお経を読んだのと同じ効果があるという

Old Bazar
旧市街城市案内

古い家屋やヒンドゥー寺院の
ならぶポカラの旧市街
昔ながらの生活が見られるオールドバザール

オールド・バザール ★★☆
Old Bazar／पुरानो बजार

　赤茶けたレンガで組まれた建物が連なるポカラのオールド・バザール。周囲の村から集まった農産物や食料のほかにも、貴金属、生活雑貨がならぶ。ポカラは古くからチベットとインドを結ぶ交易の中継地の役割をになってきて、タカリー、グルン、マガール族などの山の民がこのポカラ盆地に降りてきて各方面の商人たちと商談するという姿があった。ポカラからヒマラヤ奥地に向かっては、今なお道路が充分に整備されておらず、自らの足と山道を進むロバなどに頼らざるをえなかった。現在でも街のはずれではロバの隊商のキャンプが見られる。

ビムセン寺院 ★☆☆
Bhimsen Mandir／भीमसेन मन्दिर

　古代インドの叙事詩『マハーバーラタ』に登場するビムセンがまつられたヒンドゥー寺院。小規模だが商人の守護神であることから、バザールの守り神となっている。二層からなるネワール様式で建てられている。

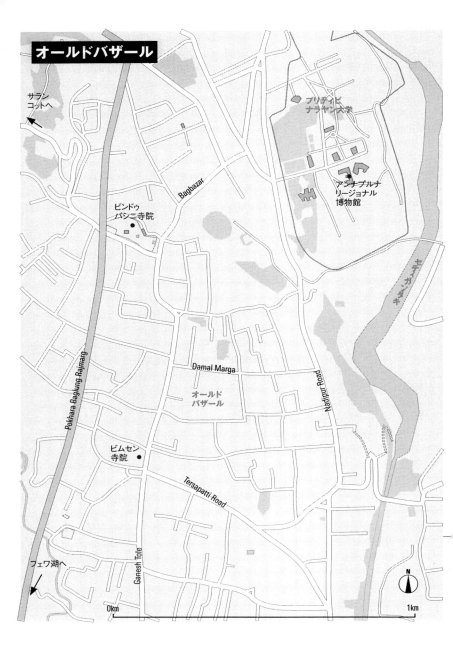

ビンドゥバシニ寺院 ★☆☆
Bindyabasini Mandir／विन्ध्यवासिनी मन्दिर

　オールド・バザールの丘に立つビンドゥバシニ寺院。シヴァ神の配偶神であるドゥルガー女神を本尊とする。この女神は10本の腕をもつ恐ろしい姿をした殺戮神として知られ、毎朝、ヤギやにわとりなどがいけにえにささげられる。石畳の広い境内には、ヴィシュヌ神やクリシュナ神もまつられている。

アンナプルナ・リージョナル博物館 ★☆☆
Annapurna Regional Museum／अन्नपूर्ण संग्रहालय

　ポカラの自然や環境についての展示がならぶアンナプルナ・リージョナル(自然史)博物館。プリティビ・ナラヤン大学のキャンパス内にあり、この地域に生息する野鳥や昆虫、蝶などの剥製、野生動物の像なども見られる。

★★☆
オールド・バザール Old Bazar
★☆☆
セティ・ガンダキ(川) Seti Gandaki
ビムセン寺院 Bhimsen Mandir
ビンドゥバシニ寺院 Bindyabasini Mandir
アンナプルナ・リージョナル博物館 Annapurna Regional Museum

ポカラで祭りに出合った

Sangakuchitai Ni
山岳地帯に生きる人々

チベットとヒンドゥー
ふたつの文明が交わるネパール山岳地帯
ポカラは民族博覧場にもたとえられる

ポカラと諸民族

　多民族国家ネパールを映し出すように数多くの民族が暮らすポカラ。ネパール有数の観光地であること、カリ・ガンダキ川沿いの交易ルートにあたること、そして高地と低地の民がちょうど交錯する立地にあたることなどから、いくつもの民族がこの街へと集まってきた。パルバテ・ヒンドゥーと呼ばれるインド・アーリア系の人々、グルン族、マガール族、タカリー族などもともとこの地に住んでいた先住民、カトマンズ盆地から移住してきたネワール族、そしてチベット動乱による混乱から逃れてきたチベット族など多様な顔ぶれがあげられる。

ヒンドゥー化するネパール山岳民

　ポカラを中心とするネパール山岳地帯でもっとも強い勢力となっているのがパルバテ（山地の）・ヒンドゥーと呼ばれる人たちで、今ではネパール全人口の半数をしめている。彼らの話すネパール語はインド・アーリア語系であるため、カトマンズ盆地の主要民族ネワール人のネワール語（チベット・ビルマ語系）とはまったく異なる言語となっている。パルバ

焼きとうもろこしを売る親子

大きなかごを背負って吊り橋を渡る男性

テ・ヒンドゥーはバラモンにあたるバフン、クシャトリヤにあたるチェットリなどのカーストにわかれていて、それぞれのカーストがネワール族、グルン族などの民族(ジャート)に値するものとしてあつかわれている。

バラモンの血を受け継ぐ、バフン

ネパールのヒンドゥー教の体系のなかで最高位に位置するのがバフン。彼らはヒンドゥー教の教えをネパール山岳地帯にもちこみ、バラモンがなまってバフンと呼ばれるようになった。インドでは司祭階級であったが、ネパールでは農耕に従事している者も見られる。

戦士階級の末裔、チェットリ

インドではバラモンに次ぐカースト、クシャトリヤにあたるのがチェットリと呼ばれるカースト。彼らのなかには、南アジアに侵入したイスラム教徒と勇敢に戦った名門ラージプート族の子孫を自認する者もいる。実際のところはネパール山岳地帯へ移住してきたバフンに戦士階級があたえられ、カーストの体系に入った人々が多いという。

アンナプルナ山麓に生きる、グルン族

アンナプルナ南斜面を住処とし、マチャプチャレを信仰の対象とするグルン族。古くからこの地方に暮らす原住民で、屈強の山岳民族であるところから、マガール族とともにグルカ兵(イギリス軍のもと世界最強の傭兵とおそれられた)の中心的な役割をになった。なかにはグルカ兵となったことで多

くの収入を手にし、ポカラに土地を買って商売する者もいる。

ヒマラヤの商業民族、タカリー族

　伝統的にヒマラヤを越えてチベット・インド交易に従事してきたタカリー族。ポカラからカリ・ガンダキ川をさかのぼったタコーラ地方（チベットとヒンドゥーの中間地帯）を出自とする。タカリー族には「北に行ったらチベット人のごとく、南へ行ったらヒンドゥーのごとくせよ」ということわざがあり、塩を産出しないネパールと穀物の少ないチベットの交易を仲介することで富を築いてきた。チベット動乱以降、国境が閉鎖されてしまったために、タカリー族の貿易業は打撃を受けたが、雑貨店、穀物店、金融業、ホテルなど新たな分野へと進出することになった（ポカラの観光産業にいち早く目をつけたのもタカリー族だった）。

ネパールではチベット文字とデーヴァナーガリー文字が見られる

祭りの日、色々とりどりの衣装で着飾る

South of Phewa Tal
フェワ湖南部城市案内

自然の神秘が見られるパタレ・チャンゴや
グプテシュワール・グッファ、タシリン・チベット村
ポカラの見どころが集まる

パタレ・チャンゴ ★★☆
Patale Chhango　पाताले छाँगो

　大地を切り裂くような割れ目パタレ・チャンゴ。フェワ湖から流れた川の水が落ちていく様子から、「地獄の滝（パタレ・チャンゴ）」を意味する。かつてポカラにトレッキングにやってきたスイス人女性デヴィが、この滝に落ち、行方不明になったことからデヴィズ・フォールとも呼ばれている。

グプテシュワール・グッファ ★★☆
Gupteswar Gupha／गुप्तेश्वर महादेव गुफा

　パラレ・チャンゴの近く、ポカラの自然がつくり出した洞窟のグプテシュワール・グッファ。鍾乳洞内にはシヴァ神がまつられている。

タシリン・チベット村 ★★☆
Tashiling Tibetan Refugee Camp　ताशिलिङ्ग टिबटेन स्थापना

　赤、青、白、黄色など鮮やかなタルチョーがはためき、チベットを思わせる石積みの家屋がならぶタシリン・チベット村。1959年のチベット動乱に際して、ヒマラヤを越えて亡命してきたチベット人のために、赤十字とスイス政府の

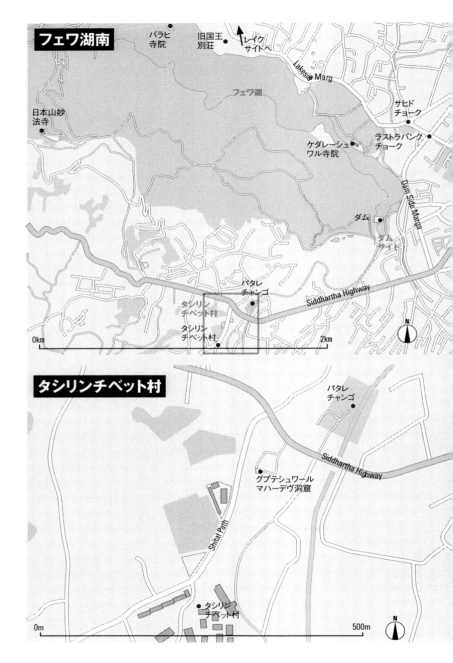

援助でつくられた。仏像、宝石、アンモナイトの化石などを売る店があるほか、カロリーの高いチベット名物バタ茶(バターを入れたお茶)なども味わえる。

チベット難民の暮らし

　1959年のチベット動乱(実質的には中国による併合)で、チベット最高指導者ダライ・ラマ14世はインドに政治亡命し、1959年から1961年にかけて10万人ものチベット人がヒマラヤを越えたという。古くからチベットとインドを結ぶ交易路であったカリ・ガンダキ川沿いやクンブ渓谷は難民の道となり、ネパールに生活の場を求めたチベット難民は2万人から3万人におよんだ(難民がおもに居住したのは、気候や環境がチベットに似たネパール北部の山岳地帯だった)。標高800mのポカラや標高1350mのカトマンズでは、牧畜を中心とした生活が維持できず、絨毯織りなどを生活の糧にしてその土地に適応しようとしている。

ヤクとともに、チベット人の生活

　標高3000〜5000mに位置するアジア深奥部のチベット

★★★
フェワ湖 *Phewa Tal*
★★☆
パタレ・チャンゴ *Patale Chhango*
グプテシュワール・グッファ *Gupteswar Gupha*
タシリン・チベット村 *Tashiling Tibetan Refugee Camp*
日本山妙法寺 *World Peace Pagoda*
★☆☆
バラヒ寺院 *Barahi Mandir*
ケダレーシュワル寺院 *Kedareshwar Mandir*

タシリン・チベット村の子どもたち

街は湖のほとりで発展してきた

チベット人の生活とともにあるヤク

水しぶきがほとばしるパタレ・チャンゴ

高原。希薄な大気、寒冷な乾燥地帯が続く過酷な環境では、高山性の動物であるヤクが重宝される。ヤクの家畜化は交易に必須で、食用にもなるところからそれ自体が移動する冷蔵庫の役割を果たしてきた。ヤクの乳を原料とするバタ茶はカロリーが高いためにチベット人の栄養源となり、そのクソは肥料、燃料とされるなど、毛、尾、皮、骨、角など身体の細部まで利用される。

日本山妙法寺 ★★☆
World Peace Pagoda／विश्व शान्ति स्तूप

　フェワ湖をはさんでサランコットの向かいに位置する日本山妙法寺(ワールド・ピース・パゴタ)。真っ白なストゥーパが標高1113mの丘に立ち、アンナプルナ連峰が眼前に広がる。パタレチャンゴ方面から迂回するほか、フェワ湖から階段が伸びている。

Around Pokhara
ポカラ郊外城市案内

展望台サランコット
ポカラ第2のベグナス湖
大自然に触れる旅

サランコット ★★★
Sarangkot सराङ्कोट

　ポカラからのトレッキングが楽しめる展望台サランコット。標高1592mのため、ポカラ市街からの高度差は大きい。眼前にはヒマラヤのパノラマが広がり、とくに朝の空気は澄みきっている。

マヘンドラ・グッファ ★★☆
Mahendra Gupha महेन्द्र गुफा

　自然がつくりだした鍾乳洞マヘンドラ・グッファ。シヴァ神がまつられていて、信仰の対象になっている。くらがりのなか光る鍾乳石や石筍(タケノコのように地面につくられた鍾乳石)が見られる。コウモリが多く棲んでいたことから「コウモリの家」とも呼ばれていた。

タシパルケル ★☆☆
Tashpalkhel तिब्बती शरणार्थी शिविर

　ポカラ近郊で最大のチベット人居住区(サランコットのさらに北)。チベット仏教の寺院があるほか、彼らの生活の糧となっている絨毯の工場もある。信仰、食文化などでチベット

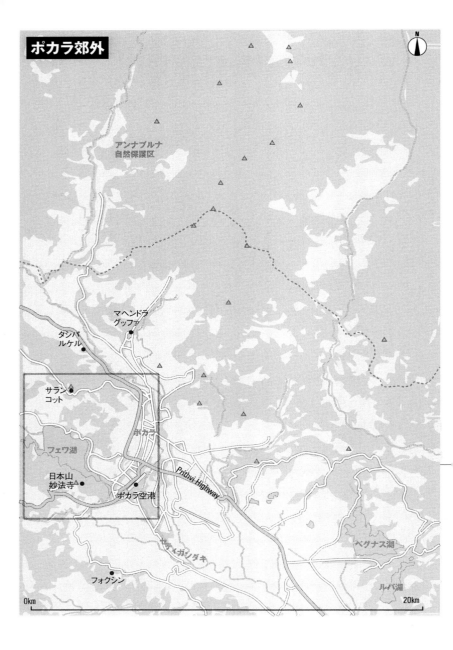

社会の様子が見られる。

フォクシン ★★☆
Phoksing／फोकसिङ्

　フェワ湖南東に位置する村フォクシン。雄大なヒマラヤのパノラマが見られるほか、都会から離れた朴訥とした山岳民の姿もある。

ベグナス湖 ★☆☆
Begnas Tal　बेगनास ताल

　ポカラの東に位置するベグナス湖。多くの来訪者がフェワ湖のほとりで滞在するため、こちらにはあまり人がおらず、ポカラの原風景とも言うべき静かな自然を感じられる。

ルパ湖 ★☆☆
Rupakot Tal／रुपा ताल

　ベグナス湖からパチパイヤの丘を越えたところに位置するルパ湖。ポカラ第3の湖で、静かな湖畔では野鳥のさえずりが聴こえる。

★★★
フェワ湖 *Phewa Tal*
サランコット *Sarangkot*
★★☆
日本山妙法寺 *World Peace Pagoda*
マヘンドラ・グッファ *Mahendra Gupha*
フォクシン *Phoksing*
★☆☆
タシパルケル *Tashpalkhel*
ベグナス湖 *Begnas Tal*
ルパ湖 *Rupakot Tal*
セティ・ガンダキ(川) *Seti Gandaki*

さまざまな色の顔料がおかれていた

Kawaguchi Ekai
禁断地へ向かった仏僧

**明治時代、当時、秘境と呼ばれていたチベットを目指した仏僧がいた
日本人として最初にネパールに入国し
チベットへ向かった河口慧海**

日本人初のネパール入り

　1897年(明治30年)、チベットに仏典を求めて、神戸からコルカタへと向かった河口慧海。当時、チベットは禁断の地とされ鎖国状態にあり、この地を目指した探検家はことごとく入国に失敗し、生命を失うこともしばしばだった。河口慧海は渡航に際してわずかのお金しかもっておらず、乞食をしながらでもチベット行きを果たす心づもりだったという。インドに着いた慧海はチベットにゆかりあるダージリンで1年間チベット語を勉強しながら、チベットへの道を模索していた。コルカタでネパール書記官ジッバードルの紹介状を手に入れた慧海は、ヒマラヤを目指し、ビールガンジ国境では、「チベットに住むシナ(中国)人」として通行権を得ることに成功した。こうしてネパール入りを果たした河口慧海は、この国を訪れた最初の日本人となった。

ヒマラヤを踏む

　カトマンズ郊外のボダナートに1か月滞在した河口慧海は、チベットへの道を探し続けていた。ネパールからヒマラヤを越える道はいくつかあったが、憲兵がいないのは西ネ

河口慧海が常宿の場としたボダナート（カトマンズ）

サランコットへの道、風光明媚な景観が広がる

パールのカリ・ガンダキ川上流のルートだと知る。日本人であることを隠し、身分を偽っていたため、「聖地マナサロワル湖とカイラス山に参詣する」という口実をもって西ネパールからチベットへ向かうことになった。

悲願のラサへ

西チベットで慧海を待っていたのは、厳しい自然環境だった。慧海はヤクの糞をひろい集めてきて、火打石で火を起こし、猛獣の鳴き声を聞きながら野宿した。チベット入国から8か月、ラサにたどり着いた河口慧海は日本人であることを隠しながら、仏典の勉強にはげんだ。医術を少し心得、貧しい者からは金をとらなかったので、「生きた薬師様だ」とたたえられ、ついにはダライ・ラマ13世に謁見するまでになった。このようにラサ中の評判となった河口慧海であったが、有名になったひき換えに正体がばれてしまった。「もはやこれまで」とあきらめたが、周囲のチベット人の助けで、チベットから脱出し、シッキム経由でヒマラヤをくだった。

ふたつにわかれた評価

日本に帰った河口慧海は、たちまちときの人となり、慧海の話すチベットの大自然、その冒険に人々は熱狂した。一方で、河口慧海に対して否定的な人がいたのも事実で、話が奇抜すぎるため「河口慧海は、実際チベットに行っていない」などと中傷され、学会や宗教界からは相手にされなかった(また、河口慧海のチベット脱出後、彼と関係した人物がスパイ扱いされ、次々に投獄されるという事態が起こった)。河口慧海がチベットからもちかえったサンスクリット語経典、仏具、美術品は現在

も保管されていて、当時のチベットの状況を伝える貴重な品々となっている。

参考文献

『ネパール』(トニー・ハーゲン/白水社)
『チベットの文化生態学』(川喜田二郎/中央公論社)
『暮らしがわかるアジア読本ネパール』(石井溥/河出書房新社)
『ネパールの人びと』(ビスタ/古今書院)
『河口慧海』(高山龍三/大明堂)
『河口慧海』(河口正/春秋社)
『鳥葬の国』(川喜田二郎/講談社)
『ヒマラヤ名峰事典』(薬師義美・雁部貞夫/平凡社)
『世界大百科事典』(平凡社)
OpenStreetMap
(C)OpenStreetMap contributors

まちごとパブリッシングの旅行ガイド
Machigoto INDIA , Machigoto ASIA , Machigoto CHINA

北インド-まちごとインド

001　はじめての北インド
002　はじめてのデリー
003　オールド・デリー
004　ニュー・デリー
005　南デリー
012　アーグラ
013　ファテープル・シークリー
014　バラナシ
015　サールナート
022　カージュラホ
032　アムリトサル

西インド-まちごとインド

001　はじめてのラジャスタン
002　ジャイプル
003　ジョードプル
004　ジャイサルメール
005　ウダイプル
006　アジメール（プシュカル）
007　ビカネール
008　シェカワティ
011　はじめてのマハラシュトラ
012　ムンバイ
013　プネー
014　アウランガバード
015　エローラ
016　アジャンタ

021　はじめてのグジャラート
022　アーメダバード
023　ヴァドダラー（チャンパネール）
024　ブジ（カッチ地方）

東インド-まちごとインド

002　コルカタ
012　ブッダガヤ

南インド-まちごとインド

001　はじめてのタミルナードゥ
002　チェンナイ
003　カーンチプラム
004　マハーバリプラム
005　タンジャヴール
006　クンバコナムとカーヴェリー・デルタ
007　ティルチラパッリ
008　マドゥライ
009　ラーメシュワラム
010　カニャークマリ
021　はじめてのケーララ
022　ティルヴァナンタプラム
023　バックウォーター（コッラム～アラップーザ）
024　コーチ（コーチン）
025　トリシュール

ネパール-まちごとアジア

- 001 はじめてのカトマンズ
- 002 カトマンズ
- 003 スワヤンブナート
- 004 パタン
- 005 バクタプル
- 006 ポカラ
- 007 ルンビニ
- 008 チトワン国立公園

バングラデシュ-まちごとアジア

- 001 はじめてのバングラデシュ
- 002 ダッカ
- 003 バゲルハット(クルナ)
- 004 シュンドルボン
- 005 プティア
- 006 モハスタン(ボグラ)
- 007 パハルプール

パキスタン-まちごとアジア

- 002 フンザ
- 003 ギルギット(KKH)
- 004 ラホール
- 005 ハラッパ
- 006 ムルタン

イラン-まちごとアジア

- 001 はじめてのイラン
- 002 テヘラン
- 003 イスファハン
- 004 シーラーズ
- 005 ペルセポリス
- 006 パサルガダエ(ナグシェ・ロスタム)
- 007 ヤズド
- 008 チョガ・ザンビル(アフヴァーズ)
- 009 タブリーズ
- 010 アルダビール

北京-まちごとチャイナ

- 001 はじめての北京
- 002 故宮(天安門広場)
- 003 胡同と旧皇城
- 004 天壇と旧崇文区
- 005 瑠璃廠と旧宣武区
- 006 王府井と市街東部
- 007 北京動物園と市街西部
- 008 頤和園と西山
- 009 盧溝橋と周口店
- 010 万里の長城と明十三陵

天津-まちごとチャイナ

- 001 はじめての天津
- 002 天津市街
- 003 浜海新区と市街南部
- 004 薊県と清東陵

上海-まちごとチャイナ

- 001 はじめての上海
- 002 浦東新区
- 003 外灘と南京東路
- 004 淮海路と市街西部

005　虹口と市街北部
006　上海郊外（龍華・七宝・松江・嘉定）
007　水郷地帯（朱家角・周荘・同里・甪直）

河北省-まちごとチャイナ

001　はじめての河北省
002　石家荘
003　秦皇島
004　承徳
005　張家口
006　保定
007　邯鄲

江蘇省-まちごとチャイナ

001　はじめての江蘇省
002　はじめての蘇州
003　蘇州旧城
004　蘇州郊外と開発区
005　無錫
006　揚州
007　鎮江
008　はじめての南京
009　南京旧城
010　南京紫金山と下関
011　雨花台と南京郊外・開発区
012　徐州

浙江省-まちごとチャイナ

001　はじめての浙江省
002　はじめての杭州
003　西湖と山林杭州
004　杭州旧城と開発区
005　紹興
006　はじめての寧波
007　寧波旧城
008　寧波郊外と開発区
009　普陀山
010　天台山
011　温州

福建省-まちごとチャイナ

001　はじめての福建省
002　はじめての福州
003　福州旧城
004　福州郊外と開発区
005　武夷山
006　泉州
007　厦門
008　客家土楼

広東省-まちごとチャイナ

001　はじめての広東省
002　はじめての広州
003　広州古城
004　天河と広州郊外
005　深圳（深セン）
006　東莞
007　開平（江門）
008　韶関
009　はじめての潮汕
010　潮州
011　汕頭

遼寧省-まちごとチャイナ

- 001 はじめての遼寧省
- 002 はじめての大連
- 003 大連市街
- 004 旅順
- 005 金州新区
- 006 はじめての瀋陽
- 007 瀋陽故宮と旧市街
- 008 瀋陽駅と市街地
- 009 北陵と瀋陽郊外
- 010 撫順

重慶-まちごとチャイナ

- 001 はじめての重慶
- 002 重慶市街
- 003 三峡下り(重慶〜宜昌)
- 004 大足
- 005 重慶郊外と開発区

四川省-まちごとチャイナ

- 001 はじめての四川省
- 002 はじめての成都
- 003 成都旧城
- 004 成都周縁部
- 005 青城山と都江堰
- 006 楽山
- 007 峨眉山
- 008 九寨溝

香港-まちごとチャイナ

- 001 はじめての香港
- 002 中環と香港島北岸
- 003 上環と香港島南岸
- 004 尖沙咀と九龍市街
- 005 九龍城と九龍郊外
- 006 新界
- 007 ランタオ島と島嶼部

マカオ-まちごとチャイナ

- 001 はじめてのマカオ
- 002 セナド広場とマカオ中心部
- 003 媽閣廟とマカオ半島南部
- 004 東望洋山とマカオ半島北部
- 005 新口岸とタイパ・コロアン

Juo-Mujin(電子書籍のみ)

- Juo-Mujin香港縦横無尽
- Juo-Mujin北京縦横無尽
- Juo-Mujin上海縦横無尽
- Juo-Mujin台北縦横無尽
- 見せよう! 上海で中国語
- 見せよう! 蘇州で中国語
- 見せよう! 杭州で中国語
- 見せよう! デリーでヒンディー語
- 見せよう! タージマハルでヒンディー語
- 見せよう! 砂漠のラジャスタンでヒンディー語

自力旅游中国Tabisuru CHINA

001　バスに揺られて「自力で長城」
002　バスに揺られて「自力で石家荘」
003　バスに揺られて「自力で承徳」
004　 船に揺られて「自力で普陀山」
005　バスに揺られて「自力で天台山」
006　バスに揺られて「自力で秦皇島」
007　バスに揺られて「自力で張家口」
008　バスに揺られて「自力で邯鄲」
009　バスに揺られて「自力で保定」
010　バスに揺られて「自力で清東陵」
011　バスに揺られて「自力で潮州」
012　バスに揺られて「自力で汕頭」
013　バスに揺られて「自力で温州」
014　 バスに揺られて「自力で福州」
015　 メトロに揺られて「自力で深圳」

まちごとパブリッシングの旅行ガイド

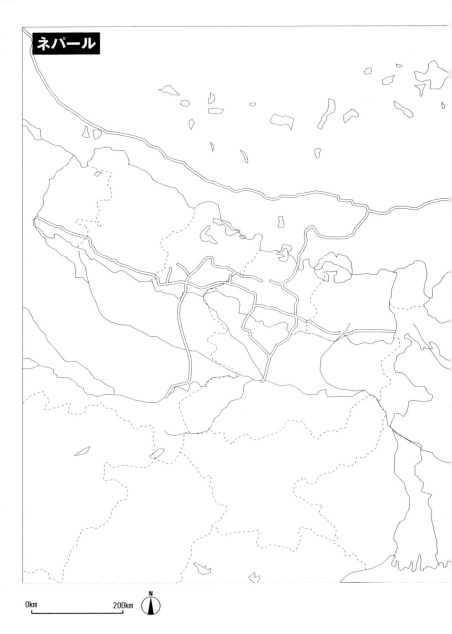

アンナプルナ周辺図

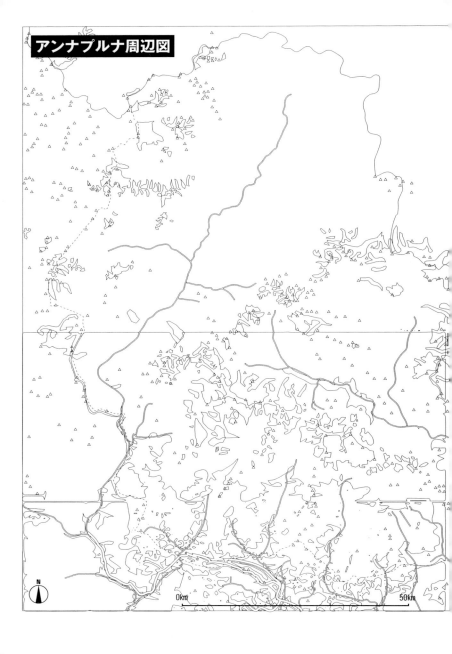

0km 50km

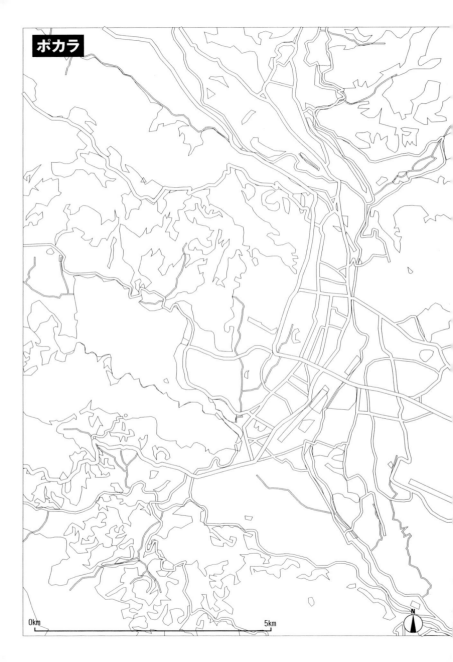

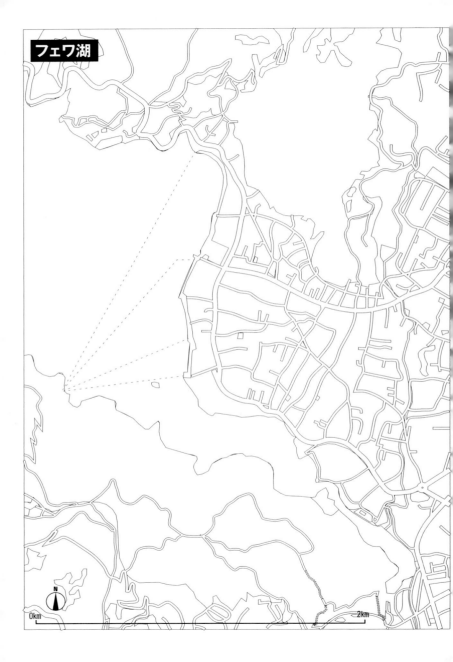

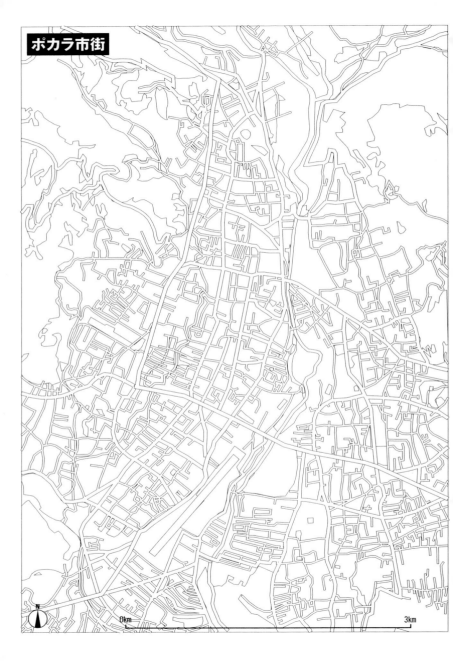

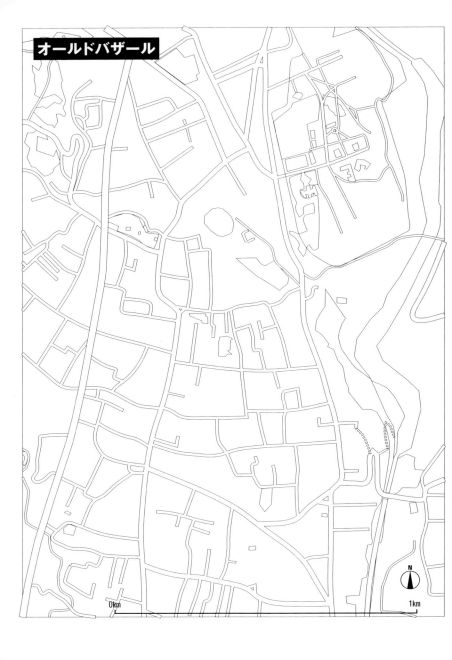

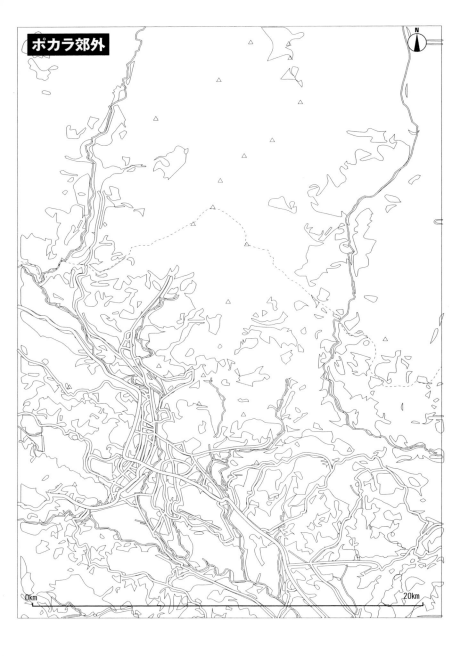

【車輪はつばさ】
南インドのアイラヴァテシュワラ寺院には
建築本体に車輪がついていて
寺院に乗った神さまが
人びとの想いを運ぶと言います

An amazing stone wheel of the Airavatesvara Temple
in the town of Darasuram, near Kumbakonam in the South India

まちごとアジア
ネパール 006

ポカラ
「湖」からヒマラヤ・パノラマ
［モノクロノートブック版］

「アジア城市（まち）案内」制作委員会
まちごとパブリッシング
http://machigotopub.com

- 本書はオンデマンド印刷で作成されています。
- 本書の内容に関するご意見、お問い合わせは、発行元の
  まちごとパブリッシング info@machigotopub.com までお願いします。

まちごとアジア
新版 ネパール006ポカラ
～「湖」からヒマラヤ・パノラマ

2019年 11月12日　発行

著　者	「アジア城市（まち）案内」制作委員会
発行者	赤松　耕次
発行所	まちごとパブリッシング株式会社
	〒181-0013　東京都三鷹市下連雀4-4-36
	URL http://www.machigotopub.com/
発売元	株式会社デジタルパブリッシングサービス
	〒162-0812　東京都新宿区西五軒町11-13
	清水ビル3F
印刷・製本	株式会社デジタルパブリッシングサービス
	URL http://www.d-pub.co.jp/

MP231

ISBN978-4-86143-379-5 C0326　　　　Printed in Japan
本書の無断複製複写（コピー）は、著作権法上での例外を除き、禁じられています。